MARCELIN MAUREL

NOTICE ADRESSÉE A SES COLLÈGUES DE LA SOCIÉTÉ

PAR

M. Edmond BLANC

Membre Correspondant

NICE
IMPRIMERIE ET PAPETERIE ANGLO-FRANÇAISE MALVANO & Cⁱᵉ
(ANCIENNE MAISON CAISSON ET MIGNON)
62, rue Gioffredo, 62

1877

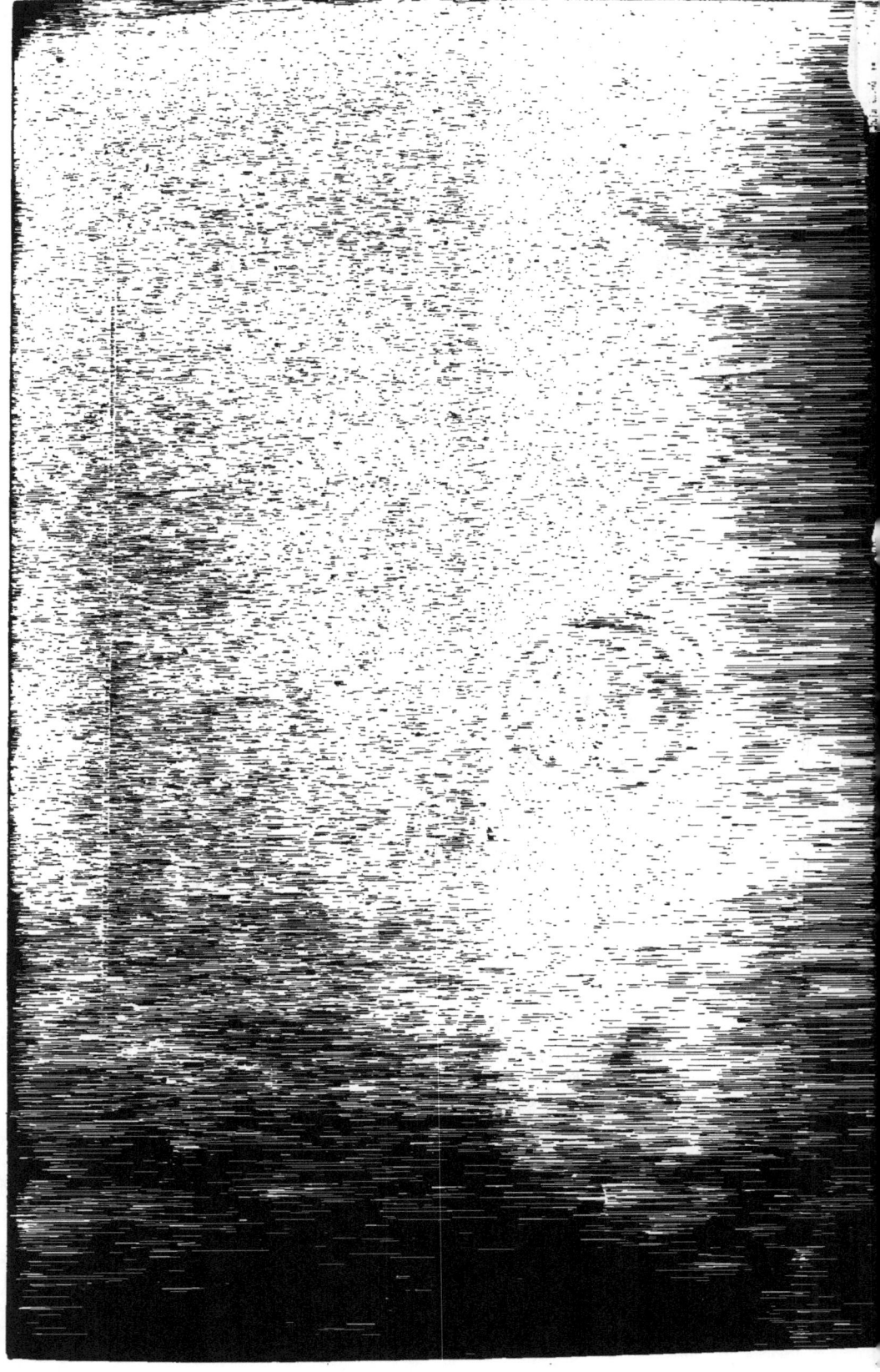

MARCELIN MAUREL

NOTICE ADRESSÉE A SES COLLÈGUES DE LA SOCIÉTÉ

PAR

M. Edmond BLANC

Membre Correspondant

NICE
IMPRIMERIE ANGLO-FRANÇAISE MALVANO & Co.
(ANCIENNE MAISON CAISSON ET MIGNON)
Rue Gioffredo, 62

1877

MARCELIN MAUREL

Notice adressée à ses collègues de la Société par M. Edmond BLANC,
membre correspondant.

MESSIEURS,

Notre Société vient de perdre l'un de ses membres les plus distingués, M. Marcelin Maurel, maire de Vence et chevalier de la Légion-d'Honneur, mort le 24 mars 1877 à l'âge de soixante-dix ans.

Né en 1807, M. Maurel fit de brillantes études au lycée de Marseille. Licencié en droit en 1828, mais ne se sentant aucun goût pour le barreau, il ne prêta pas le serment professionnel et vint résider à Vence auprès de son vieux père, qu'il adorait.

Pendant vingt ans, l'amour égoïste du vieillard retint son fils auprès de lui ; pendant vingt ans, ce modèle de piété filiale, n'eut pas d'autre volonté que celle de son père, se pliant sans murmurer jamais, à ses moindres caprices, obéissant avec respect à des désirs parfois bizarres, n'ayant enfin d'autre but que de rendre heureuses et douces les longues années de vieillesse que le ciel accordait à l'auteur de ses jours. Cela dura jusqu'en 1847, époque à laquelle son père s'éteignit âgé de 90 ans, en appelant sur la tête de son fils les bénédictions célestes.

En 1848, il se présenta aux suffrages des électeurs du Var, en compagnie de MM. Gaimard, Guigues, Alleman, Marius André, Philibert, Arnaud, Baume et Arène ; il fut élu premier sur la liste par 52.000 suffrages. Républicain modéré, nuance d'Armand Marast, il ne fit partie d'aucun groupe ; c'était un de ces irréguliers qui font le désespoir des partis, votant tantôt pour, tantôt contre le ministère, ne s'inspirant dans leurs votes que de leur conscience et de leur esprit d'indépendance.

Nature ardente, esprit droit et honnête, il ne sut jamais s'accommoder des compromissions généralement admises dans le monde politique. Enthousiate du beau et du vrai, il avait horreur de la dissimulation et du machiavélisme ; la vénalité et la bassesse l'irritaient au dernier point ; c'était là l'un des côtés saillants de son caractère.

Sa carrière politique fut de courte durée, il était trop franc pour les roueries de la diplomatie, il avait, d'ailleurs, par une circulaire lancée au lendemain de son élection, rendu impossible sa réélection. On a tant fait de bruit autour de cette circulaire, ses ennemis en ont tant usé et abusé, que je ne suis pas fâché de pouvoir rendre aux faits leur véritable signification.

Dans les quelques jours qui suivirent son élection, M. Maurel avait reçu *plusieurs milliers* de lettres de quémandeurs de toute sorte ; celui-ci (et c'était le plus grand nombre) réclamait un bureau de tabac ; celui-là, moins ambitieux, se contentait de la plaque du garde-champêtre ; tel autre voulait être juge de paix ou instituteur ; un dernier demandait une sous-préfecture, voire une préfecture : « *On vous dira bien que je suis peu lettré*, disait l'un d'entre eux, *mais donnez-moi toujours la préfecture et avec un bon second, vous verrez que les choses n'iront pas plus mal* ». Devant cette âpreté à la curée budgétaire, M. Maurel fut écœuré ; sa nature se révolta, il ne sut pas se contenir, et de toute la hauteur de son mépris, il lança à cette meute hurlante, ces paroles que l'on n'a plus oubliées :

Intrigants de haut et de bas étage, je ne suis point l'homme qu'il vous faut, je ne vous ai rien demandé et je ne vous dois rien !

C'était, certes, un acte impolitique au premier chef ; un homme habile eut flatté ces affamés, en eut contenté quelques-uns, les plus puissants, et eut amusé le reste avec de l'eau bénite de cour ; mais M. Maurel n'était pas un habile, au contraire, car dans sa lettre à ses électeurs, il s'exprimait en ces termes au sujet de cette circulaire :

« Au moment où je venais d'être élu, je vous remerciai de
» vos suffrages, et je vous dis que tout entier à mes devoirs
» publics je désirais n'être pas sollicité d'intervenir pour les
» intérêts privés. Je faisais une réserve pour les droits acquis
» et les services rendus. Mon intention était si loyale que le
» reproche m'a étonné ; j'ai relu avec calme ces quelques
» lignes écrites dans un moment de surexcitation dont la
» cause se comprend assez, et voici comment je les ai ju-
» gées.

« Je n'en defendrai pas la forme ; elle se ressent nécessai-
» rement de l'émotion que j'éprouvais, émotion nouvelle,
» continue, croissante. J'avais la fièvre, fièvre de dévoûment
» et de reconnaissance, c'est vous qui me l'aviez donnée ;
» me la reprocherez-vous ?

« Mais pour le fond, oh ! je persiste dans ce que j'ai dit.
» Comment ! la monarchie venait d'être précipitée dans
» l'abîme parce que l'on avait appelé l'abus des influences, et
» la république, qui avait stygmatisé ces abus, ne devait pas
» s'en garder ! Quel inconvénient alors à le dire ? J'y mettais
» quelque raideur, soit ! C'était du puritanisme, si vous le
» voulez. Lorsque nous avions tant à redouter de l'exagéra-
» tion des mauvaises passions, je ne crois pas que le crime
» fût grand à en exagérer une louable. Du reste, je n'avais
» fait que pressentir un décret de l'Assemblée, qui, quelques
» jours après, à l'unanimité, interdisait à ses membres toutes
» recommandations ou apostilles, et je ne sache pas que ce
» décret ait été désapprouvé dans le pays. »

C'est là ce que M. Maurel appelait se justifier ! Cette seconde circulaire, augmenta, si c'est possible, l'animosité des *intrigants* déchus dans leurs espérances. Cet acte d'indépendance d'une conscience indignée, fût commenté, tronqué et torturé de toutes les façons, on l'attaqua publiquement avec une violence extrême. M. Maurel crut de sa dignité de ne pas répondre à d'aussi viles attaques, pensant que le bon sens public en ferait justice ; c'est le contraire qui arriva : il devait échouer, il échoua.

En 1861 il accepta la mairie de Vence, à la prière de la population, qui s'était rendue en masse sous ses fenêtres pour la lui offrir; mais ce faisant, il déclara hautement, qu'il ne se ralliait pas à l'Empire et ne comptait servir que son pays. En 1864 il fut nommé chevalier de la Légion-d'Honneur en récompense de ses services administratifs ; et depuis lors, ne quitta plus la mairie que pendant quelques mois, au 4 septembre.

Tel fût l'homme politique, quant à l'homme privé, nous avons tous pu apprécier ses solides qualités, son éducation distinguée, son esprit charmant et son urbanité légendaire; les pauvres de Vence seuls pourraient vous donner une idée de la bonté de son cœur.

Pendant son séjour à Paris, il avait assidûment suivi les réceptions de M. Aubernon, le préfet de Versailles, il avait connu là toutes les sommités littéraires, politiques ou artistiques de son temps. Cavaignac, Thiers, Victor Hugo, etc., furent ses amis et bien d'autres encore, avec qui il conserva toujours des relations amicales. Il fut un des fondateurs du nouveau journal *Les Débats*, pour lequel il écrivit quelques articles et sut enfin se faire une place dans ce brillant milieu.

Causeur spirituel, conteur inépuisable, sa conversation était une véritable source d'anecdotes de tous genres ; admirablement servi par une prodigieuse mémoire, il n'oubliait jamais un détail intéressant et savait agencer son récit de façon à charmer toujours son auditoire.

M. Maurel lisait beaucoup, le besoin constant de s'instruire avait développé chez lui le goût des livres, c'était un gourmet de littérature, il dégustait un livre, l'analysait, page par page et se trompait rarement dans ses appréciations ; mieux que personne il savait reconnaître les qualités et les défauts d'un auteur; et s'il n'a rien produit en ce genre, il faut en rejeter la faute sur une incroyable timidité dont notre confrère était atteint, lorsqu'il s'agissait de mettre la main à la plume. Il éprouvait alors une hésitation indomptable, *vingt fois sur le métier remettait son ouvrage*, et finalement détruisait son travail. J'étais pourtant venu à bout de ses hésitations : je l'avais décidé à publier une analyse du beau travail de son ami M. Sardou, notre président honoraire, sur Rabelais; il avait accepté, et se faisait une fête de surprendre tout son monde par cette publication, qu'il destinait à nos *Annales*, lorsque la mort est venu le saisir.

C'est toujours un deuil pour une société que de perdre l'un de ses membres, mais pour la plupart d'entre nous, M. Maurel était plus qu'un collègue, c'était un ami : car il était impossible de l'approcher quelques temps sans demeurer son ami ; c'est pourquoi, Messieurs, je n'insisterais pas sur la grandeur de la perte que nous avons faite, certain que je suis, que ceux d'entre nous qui le connaissaient, l'ont déjà pleuré et ne l'oublieront jamais.

Vence, 27 avril 1877.

E. Blanc.

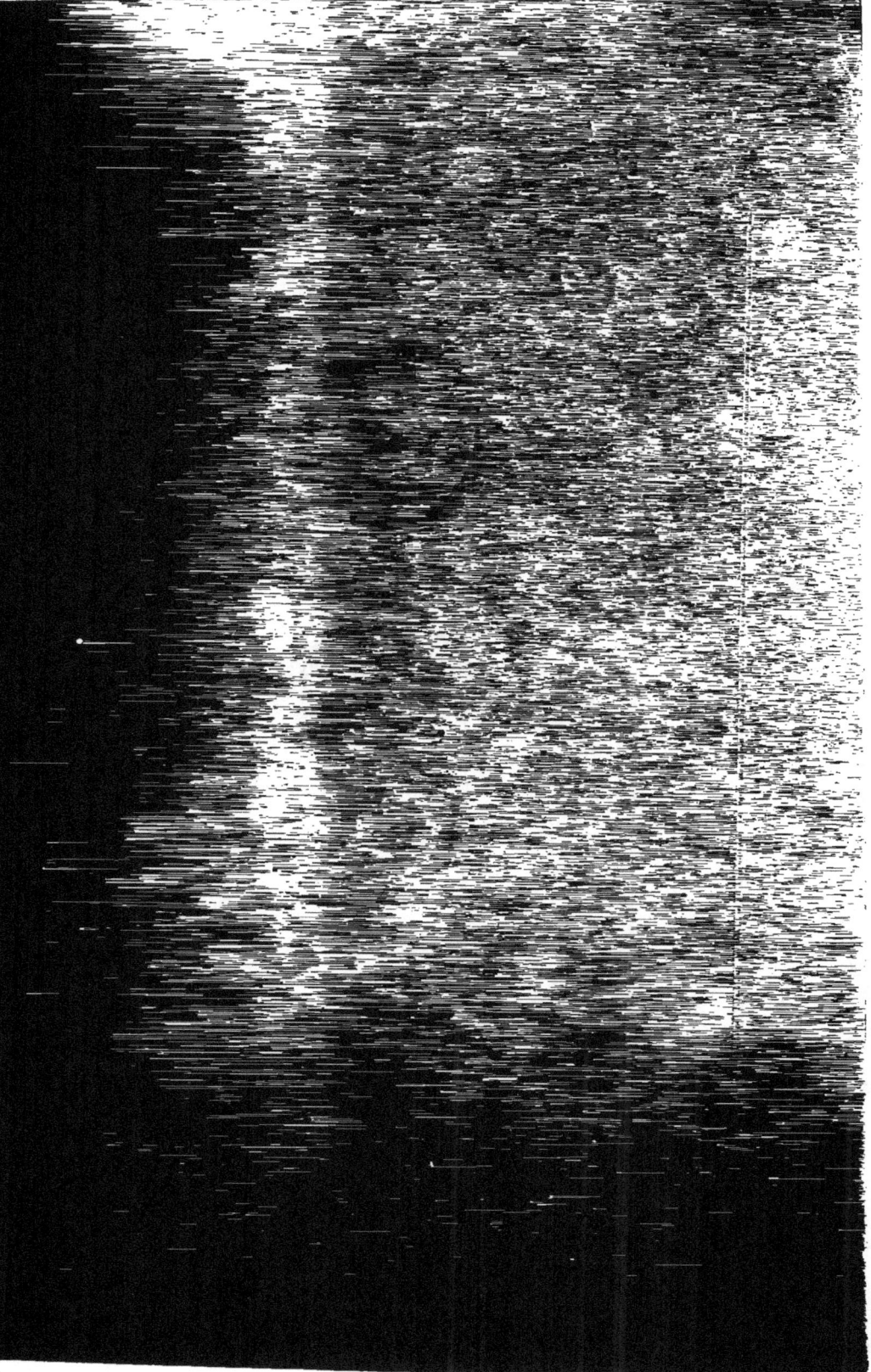

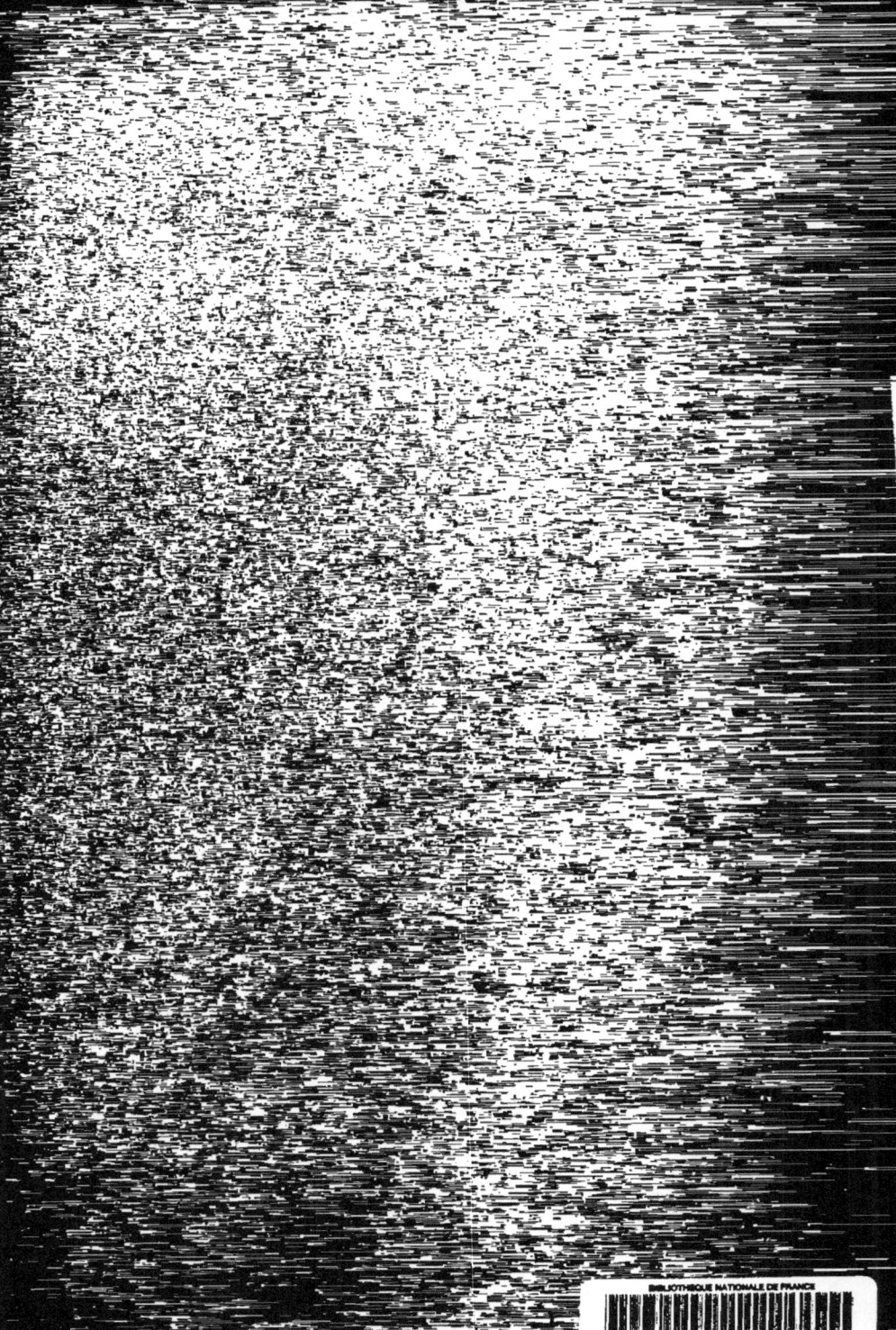

www.ingramcontent.com/pod-product-compliance
Lightning Source LLC
Chambersburg PA
CBHW071431060426
42450CB00009BA/2121